MARIAGES

DE

HENRI ET LOUISE DE FRANCE,

OU

UN DERNIER CHAPITRE

A

L'HISTOIRE DES BOURBONS DE LA BRANCHE AINÉE

PENDANT QUINZE ANS D'EXIL,

PAR M. ALFRED NETTEMENT.

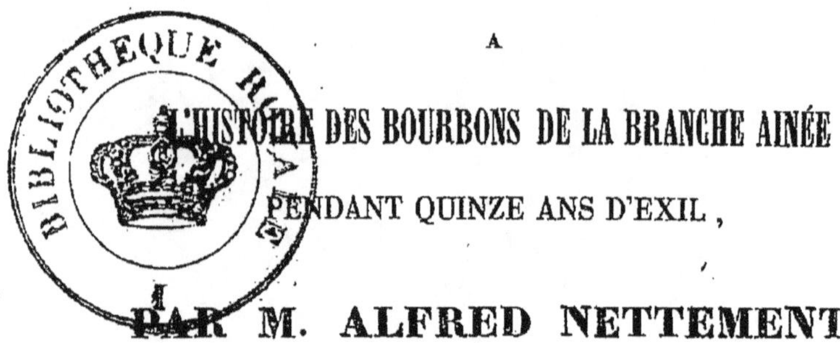

* * *

PARIS

DE SIGNY ET DUBEY, ÉDITEURS,

25, RUE GUÉNÉGAUD.

DENTU, LIBRAIRE, PALAIS-ROYAL.

—

1847

MARIAGES

DE

HENRI ET LOUISE DE FRANCE.

———◆———

L'histoire des quinze années de l'exil des Bourbons de la branche aînée, se ferme sur une mort, celle de Louis-Antoine, placé dans le caveau des Franciscains de Goritz, à côté de son vénérable père, le roi Charles X. Le récit des temps qui suivent s'ouvre par deux heureux mariages, celui de Louise de France, bientôt suivi de celui de Monsieur le comte de Chambord. Il y a là une image vraie de la situation : d'un côté, le passé qui finit; de l'autre, l'avenir qui commence.

Lorsque, vers les derniers mois de l'année 1845, on apprit que S. A. R. Mademoiselle épousait le prince héréditaire de Lucques, ce fut une grande joie parmi les royalistes de France. Quel cœur aurait pu rester indifférent au sort de cette aimable princesse, sur la tête de laquelle M. le duc de Berry, mourant, avait posé sa main défaillante, en murmurant, d'une voix affaiblie par les approches de ses derniers moments : « Ma pauvre enfant, puissiez-vous être plus heureuse que ceux de notre famille! » Quelle ame, nous ne dirons pas même française, mais ouverte aux émotions qu'inspire le spectacle des vicissitudes humaines, n'aurait pas été touchée en voyant luire ce tardif rayon de bonheur sur les longues infortunes des Bourbons de la branche aînée?

Tout, dans ce mariage, était de nature à satisfaire les nobles exilés et les amis de l'auguste maison de France. Le prince héréditaire de Lucques était un parti digne de MADEMOISELLE. Par cette union, les fleurs-de-lys de France s'alliaient aux fleurs-de-lys d'Espagne. La famille ducale de Lucques, en effet, est un des rameaux de la race de Louis XIV, auquel elle vient se rattacher par le grand Dauphin Louis Ier, qui fut à la fois père de Louis II, duc de Bourgogne, dont la postérité était appelée à régner sur la France, et de Philippe, duc d'Anjou, qui, appelé de l'autre côté des Pyrénées par le testament de Charles II, devint la tige des Bourbons d'Espagne. De sorte que, tandis que MADEMOISELLE descend du grand Dauphin et de Louis XIV, par Mgr le duc de Berry, son père, fils du Roi Charles X, qui eut lui-même pour père Louis III , Dauphin de France , et fils de Louis XV, dont le père était ce duc de Bourgogne, fils de Louis Ier, grand Dauphin de France, qui eut pour père le grand Roi; Mgr le prince héréditaire de Lucques sort de la même tige, par son père , le duc régnant, infant d'Espagne , et fils de Charles IV , qui, lui-même , eut pour père Charles III, fils de Philippe V, duc d'Anjou, dont le père était le grand Dauphin, Louis Ier, fils de Louis XIV. Outre cette identité d'origine entre les deux augustes époux, on s'applaudissait de voir le sort de MADEMOISELLE confié à un prince chez qui le mérite personnel et les vertus de l'homme relèvent encore une éclatante origine. Mgr le prince héréditaire de Lucques, dans une époque où les familles les plus haut placées sont quelquefois souillées, pour nous servir du langage énergique de Bossuet, par les ordures de l'avarice, ce vice honteux, qui devient presque un crime dans les positions élevées, avait, on le savait , montré le plus noble désintéressement dans les dispositions de fortune que règle le contrat des princes comme le contrat des simples particuliers. Il avait exigé, dans l'intérêt de sa noble fiancée, l'insertion de clauses qu'un prince moins généreux aurait à peine acceptées. Il a montré depuis, en sauvant, au péril de sa vie, un homme, que la générosité est la sœur du courage, et que toutes les vertus se tiennent comme tous les vices.

Ce fut le 10 novembre 1845 que le mariage fut célébré. « Dans la matinée du 10 novembre, écrivait-on de Frosdorf, M. le duc de Blacas, madame la comtesse de Choiseul et madame la princesse de Lucinge étaient au bas du grand escalier du château de Frosdorf, pour recevoir, au nom de Marie-Thérèse de France et de MADAME, duchesse de Berry, les augustes personnages qui venaient joindre leurs prières à celles de la famille royale, pour obtenir du ciel le bonheur des deux illustres époux. La famille impériale ayant été conduite aux appartements préparés pour elle, Marie-Thérèse, MADAME, duchesse de Berry, les deux impératrices, les archiduchesses et les dames de leur maison, sont allées chercher S. A. R. MADEMOI-SELLE dans son appartement, et l'ont conduite belle, ravissante, et somptueusement parée, au salon où l'attendaient Mgr le comte de Chambord, Mgr le duc de Lucques, et son fils le prince héréditaire, LL. AA. II. l'archiduc François, l'harchiduc Louis, l'archiduc Charles, ses fils, et le second fils de M. le duc de Modène. A onze heures, l'auguste cortège s'est rendu à la chapelle du château ; M. le comte de Chambord marchait le premier, conduisant à l'autel la princesse sa sœur. Une indicible expression de bonheur éclatait sur son visage. Les deux fiancés vinrent s'agenouiller, au milieu des lumières et des fleurs, au centre de la chapelle, où l'archevêque de Vienne, entouré de son clergé, les attendait. S. M. l'impératrice d'Autriche remplaçait sa sœur bien-aimée auprès du prince Ferdinand, qu'elle aime comme son fils. M. le comte de Chambord, au milieu des cordons, des plaques et des croix qui étincelaient autour de lui, portait un frac sans décoration, simple et sévère tenue de l'exil. Les deux princes de Lucques, pour rendre hommage au chef de leur famille, portaient le cordon bleu. L'émotion de tous les assistants fut profonde, lorsqu'on vit MADEMOISELLE, avant de prononcer les paroles qui lient devant Dieu et devant les hommes, se lever de son prie-dieu, et, avec la grâce qui se mêle à tous ses mouvements, s'incliner profondément devant M. le comte de Chambord, puis devant Marie-Thérèse et MADAME, duchesse de Berry. L'archevêque adressa ensuite aux augustes mariés des paroles pleines d'onction. Après la messe de mariage, un grand dîner eut lieu, sur les deux heures ; et, après le repas de noces, les

deux jeunes époux partirent pour le château d'Ur-
schendorf, situé à une heure de distance de Frosdorf, et qui appartient au duc de Modène. »

La petite fille de saint Louis trouva un noble
et beau moyen de faire part à la France de ce mariage, qui comblait ses vœux et ceux de sa famille.
Le 9 novembre 1845, veille du jour où il devait
être célébré à Frosdorf, les douze curés de Paris
reçurent une lettre de M. le marquis de Pastoret,
dont voici la teneur : « Monsieur le curé, S. A. R.
« Mademoiselle, qui sera demain Madame la
« princesse de Lucques, a voulu que, le jour où
« son union serait consacrée, les prières des
« pauvres se joignissent aux siennes devant le
« trône de Dieu. Elle a désiré qu'un secours, en-
« voyé en son nom, adoucît quelques unes des
« misères que l'approche de la mauvaise saison
« va rendre plus douloureuses. J'ai donc l'hon-
« neur de vous adresser, pour remplir les inten-
« tions de Son Altesse Royale, la somme de mille
« francs, qu'elle vous prie de distribuer aux pau-
« vres de votre arrondissement. Mademoiselle
« désirerait que les sœurs de Saint-Vincent-de-
« Paul pussent être appelées à distribuer cette
« aumône. »

Ainsi, la fille des rois aumôniers et pères du
peuple n'a pu se défaire, dans son exil, des vertus

des princes de sa race. Ses bienfaits montèrent,
touchants messagers, aux mansardes et aux gre-
niers où grelottent tant de pauvres familles, dans
notre grande cité où les extrémités de la misère et
celles de l'opulence se touchent; ils couvrirent ceux
qui étaient nus, nourrirent ceux qui souffraient de
la faim, et dirent à tous : « Il y a là bas une jeune
princesse, dans la vie de laquelle la Providence
vient de mettre un rayon de bonheur; elle veut
vous le faire partager. Pauvre mère, voici de quoi
couvrir ton nouveau-né; jeune fille, voici de quoi
réchauffer les membres glacés de ton vieux père;
jeune épouse, voilà de quoi soutenir ton mari ma-
lade; c'est Louise de France qui vous l'envoie, et
elle vous l'envoie par la seule main qui secourt
sans humilier, par la main de Dieu. » Cette fois,
l'esprit de parti, qui jette son venin sur les plus
touchantes actions, et qui avait accusé MADAME,
duchesse de Berry, de n'avoir envoyé, à l'époque
du choléra, douze mille francs aux pauvres et aux
malades de Paris que par une combinaison politique qui se rattachait à ses projets de guerre ci-
vile, fut réduit à se taire. Ces hommes d'une avarice sordide et d'un cœur étroit, qui croient qu'un
bienfait ne peut jamais être gratuit, et qui cher-
chent toujours le placement sous le don, et la règle
de trois sous le sentiment, ne purent accuser

Mademoiselle de songer à porter la guerre en France. Devenue princesse de Lucques, ses largesses ne pouvaient être dictées par une pensée de retour ; c'était un adieu.

Les royalistes de France accueillirent avec un vif intérêt tous les détails qui se rattachaient à cet heureux mariage. Mademoiselle leur avait toujours été chère, et ils n'avaient point oublié la petite orpheline qu'on portait enveloppée de longs voiles de crêpes, devant sa mère en deuil, après la journée du 13 février. Si Henri de France était la force et l'espoir de la maison de Bourbon, Louise de France en était la grâce. En outre, le prince et la princesse étaient inséparables. Dès leur plus tendre enfance, le frère et la sœur s'étaient serrés l'un contre l'autre, comme pour moins sentir le vide qu'avait laissé au foyer domestique l'absence de ce père qui les eût tant aimés. A mesure qu'ils grandissaient, on avait vu grandir dans leurs cœurs la plus sûre des amitiés et le plus pur des amours, l'amour fraternel. Dans le naufrage qui emporta le vieux chêne de la monarchie dont quatorze siècles semblaient avoir rivé les racines dans les profondeurs de notre sol, on put remarquer deux blanches fleurs nouvellement écloses sur le tronc moussu de l'arbre auquel elles avaient suspendu leurs frais bouquets, c'étaient le frère et la sœur. Ces deux jeunes destinées, que rien ne devait séparer, allèrent fleurir en exil. Les petits pieds de MADEMOISELLE foulèrent la pelouse verte de Lullworth, et ses grâces naïves égayèrent les mornes majestés du vieux palais d'Holy-Rood. Le frère et la sœur se retrouvaient partout, dans la prière et dans l'étude comme dans les jeux ; toujours à côté de Henri on apercevait Louise. Comme pour mieux marquer cette union, ce fut dans la vieille chapelle d'Holy-Rood que les deux enfants s'agenouillèrent pour la première fois devant la table sainte ; touchant spectacle que celui de ces deux innocents proscrits, qui, appuyés l'un sur l'autre, semblaient vouloir s'abriter à l'ombre de l'autel ! On sait ce que fut MADEMOISELLE à l'époque du voyage des Français à Prague, en 1833. C'est alors que M. de Châteaubriand traça d'elle ce portrait charmant : « Toute la personne de MADEMOISELLE est un mélange de l'enfant, de la jeune fille et de la princesse ; elle regarde, baisse les yeux, sourit avec une coquetterie naïve ; on ne sait si on doit lui dire des contes de fées, ou lui parler avec respect, comme à une reine. » Plus tard on l'a retrouvée, toujours aux côtés de son frère, de moitié dans ses bienfaits, de moitié dans ses douleurs et ses souffrances, après l'accident du 15 juillet ; de moitié dans ses généreuses prières, quand il fallut de-

mander à Dieu le repos de l'ame de Mgr le duc
d'Orléans. Toute la vie du frère et de la sœur
semble ainsi être la réalisation du songe de
MADAME, duchesse de Berry, qui, avant la naissance
du duc de Bordeaux, se plaisait à raconter à ceux
qui doutaient « qu'elle avait vu saint Louis entou-
rer son fils et sa fille de son manteau, et les cou-
ronner en les prenant tous les deux dans ses bras. »

Aussi, à la joie qu'inspirait le mariage de
MADEMOISELLE se mêlait un secret espoir. Le dévouement a ses superstitions comme tous les
amours, et quelques uns disaient tout haut, un
plus grand nombre pensaient tout bas, que le mariage de MADEMOISELLE pourrait bien ne pas tarder
à être suivi d'un autre mariage.

Ce n'était point là la pensée des hommes qui
tiennent le pouvoir en France. Un grand person-
nage s'était écrié en apprenant le mariage de
MADEMOISELLE. « Pour la sœur, il n'y a rien à dire,
c'est un évènement de famille ; quant au mariage
du frère, jamais il ne s'accomplira, ce serait un
évènement politique. » On ne saurait en douter ;
la détermination d'empêcher à tout prix le mariage
du petit-fils de Louis XIV, était profondément
arrêtée dans l'esprit des politiques du Cabinet du
Palais-Royal. On a pu le nier depuis, parce qu'en
politique on nie toujours avoir tenté ce qu'on n'a

pas réussi à accomplir. Mais ces dénégations in-
téressées ne sauraient changer les faits. Il est de
notoriété diplomatique que les ambassadeurs du
Cabinet du Palais-Royal avaient reçu les instruc-
tions les plus précises pour s'opposer, par tous
les moyens, au mariage de M. le comte de Chambord. Une espèce de blocus matrimonial avait été
formé autour du prince, que les ministres de la
branche cadette destinaient à un célibat perpétuel.
Le dévouement dynastique, qui a ses naïvetés,
avait même laissé percer cette pensée intime. Il y
a quelques années, dans un salon où va journel-
lement M. de Châteaubriand, un courtisan aussi
connu au château par ses services que par ses ru-
desses, avait dit à une femme, célèbre autrefois par
les charmes de sa personne, et qui l'est toujours
par les charmes de son esprit : « Ah ! Madame, quel
service rendrait M. de Châteaubriand à la France, à l'Europe, s'il décidait ce jeune prince à entrer
dans les ordres ! Soyez sûre qu'on lui garanti-
rait le premier chapeau de cardinal. » Cette anec-
dote est trop vraisemblable pour ne pas être vraie.
Il est tout-à-fait naturel que ceux qui souhaitent à la Révolution de 1830 la destinée de la
révolution de 1688, et à la dynastie d'Orléans le
sort de la dynastie de Hanôvre, souhaitent au petit-fils de Louis XIV la robe de cardinal, qui ser-

vit de linceul aux droits politiques de la maison
des Stuarts. Quelques uns ont fait pire encore, et
l'on n'a pas oublié que ; lors de l'accident arrivé
à M. le comte de Chambord, à Kirchberg, les
joies des publicistes ministériels éclatèrent avec
un cynisme qui fit dire à un journal de gauche, que
la presse ministérielle avait compromis le renom
de générosité de la France.

S'il fallait une preuve de plus à l'appui de cette
vérité, on la trouverait dans le secret profond
dont les Bourbons exilés ont entouré les négocia-
tions ouvertes pour le mariage de M. le comte
de Chambord. Depuis une année bientôt, MA-
DEMOISELLE était mariée. Lucques, « ce jardin de
la Toscane, qui est le jardin de l'Italie, » se félici-
tait de la posséder dans ses murs ; et Frosdorf re-
grettait de l'avoir perdue. L'émotion causée en
France par son mariage durait encore. Les femmes
royalistes, qui ont toujours le sentiment des nobles
choses, s'occupaient, dans toutes les provinces, à
réunir les offrandes du dévouement, pour présen-
ter à la fille de France les magnifiques présents
qui ont prouvé à l'exilée que, si elle n'a pas oublié la patrie, la patrie non plus ne l'a pas ou-
bliée. Mais l'espoir qu'avait fait naître le mariage
de MADEMOISELLE commençait à tomber ; et bien
peu de personnes en France auraient pu dire,

au commencement du mois d'octobre 1846, que
l'évènement qui devait avoir lieu au mois de novembre était si proche.

Tout-à-coup un journal allemand vint répandre dans Paris la nouvelle du prochain mariage
de M. le comte de Chambord. Même alors, les
journaux de la droite se turent, tant le secret
paraissait nécessaire ! Le public demeûra quelque
temps en suspens entre les assertions de la feuille
allemande et le silence des journaux royalistes
de France. Enfin, arrivèrent les nouvelles offi-
cielles. M. le comte de Chambord était marié,
il avait épousé la sœur du duc de Modène. Tout
avait été conduit avec un profond mystère. Le
pape avait donné les dispenses nécessaires pour
que le comte de Chambord pût épouser la princesse de Modène, sa cousine, et la diplomatie du
Palais-Royal n'avait pas été avertie. Quelque
chose de plus, le mariage de M. le comte de
Chambord n'avait pas été célébré à Frosdorf. Le
prince, qui était allé au-devant de son auguste
fiancée, avait cru devoir précipiter la célébration;
et c'est à Burg que le mariage avait eu lieu ; tant
il est vrai qu'il était urgent de prévenir, par la
promptitude de la solution, les obstacles suscités
par les hommes qui déclarent aujourd'hui qu'ils
ont vu sans peine le mariage de M. le comte de
Chambord !

C'est ici le cas de signaler une différence profonde qui existe dans l'attitude des ministres
du Palais-Royal, selon les intérêts qui sont en
jeu. Il est vrai de dire qu'ils ont fait de nombreu-
ses concessions, toutes les fois qu'il s'est agi des
intérêts français ; les choses parlent ici d'elles-
mêmes, et toutes les dénégations ne peuvent rien
contre l'évidence. Mais il faut ajouter qu'ils savent se montrer fermes et exigeants quand il s'a-
git des intérêts dynastiques. Sur cette question,
ils ne transigent pas. Ils sont menaçants quand
il le faut; ils savent même être téméraires, comme
on a pu le voir dans les affaires d'Espagne. On
ne l'ignore pas en Europe, et cela est si vrai, que
M. de Metternich, qui, sans la moindre appréhen-
sion, a supprimé d'un coup de plume l'existence
de la république de Cracovie, a cru devoir se
justifier contre le soupçon d'avoir favorisé, même
connu à l'avance le mariage de M. le comte
de Chambord.

Ce mariage a cela de remarquable que, pour
l'illustration de la race, il n'est pas au-dessous des
espérances que M. le comte de Chambord aurait
pu concevoir, s'il avait été assis sur le trône de
Louis XIV, son aïeul. Marie-Thérèse de Modène
est la fille aînée de François d'Este, quatrième du
nom, père du duc régnant de Modène, et de Ma-

rie Béatrix, princesse de Sardaigne. François IV
était fils de Ferdinand Ier, qui avait pour mère
l'impératrice Marie-Thérèse, et qui épousa Ma-
rie Béatrix d'Este, qui lui apporta en dot le duché
de Modène, héritage de la maison d'Este. Madame
la comtesse de Chambord est donc, par son
père, arrière-petite-fille de l'impératrice Marie-
Thérèse, petite nièce de la Reine Marie-Antoinette, et cousine issue de germaine de l'empe-
reur Ferdinand, et, par sa mère, petite-fille du roi
Victor-Emmanuel de Sardaigne, et nièce de l'impératrice régnante d'Autriche. Ce mariage réunit
les plus illustres et les plus anciennes maisons du
monde, celles des Bourbons, d'Este et de Hap-
sbourg; de sorte que M. le comte de Chambord,
par son mariage avec la princesse de Modène,
resserre ses liens de parenté avec les maisons ré-
gnantes d'Autriche, de Sardaigne, de Bavière, de
Toscane et de Parme. La maison de Bourbon a,
par elle-même, quelque chose de si élevé, que
l'auréole de la fortune n'est pas nécessaire au
rayonnement de son illustration naturelle, et
qu'on s'allie en Europe avec plus d'empressement
à ses adversités qu'aux prospérités d'autres maisons princières.

Les publicistes du Cabinet du Palais-Royal se
sont, il est vrai, récriés sur la petitesse des Etats

du duc de Modène, et sur l'impuissance où il serait
de donner aucun secours effectif à son beau-frère.
Au lieu de voir là un inconvénient pour M. le
comte de Chambord, il faut y voir un avantage.
Le prince, qui a adopté pour devise ces belles paroles : *Par la France , ou jamais !* n'a que faire de
l'intervention des étrangers. Puisqu'il ne veut pas
y avoir recours, il est mieux que tout le monde
voie par sa conduite, comme par ses paroles, qu'il
renonce à invoquer cette intervention. Marié à une
grande duchesse de Russie, la calomnie l'aurait
toujours montré entouré dans le lointain d'une
nuée de pandours, ou d'un pulk de Cosaques; marié à la princesse de Modène , il met la calomnie
sous ses pieds, car la devise : *Par la France, ou ja-*
mais ! n'est plus seulement une parole , c'est un
fait. Reste donc l'illustre origine de la princesse,
force morale qui le sert, séparée de la force matérielle que lui aurait nui. Il n'est pas possible, en
effet, que les publicistes du Palais-Royal aient voulu
insinuer que la petitesse territoriale d'un Etat di-
minuait l'illustration de la famille qui le gou-
verne. Ce serait là un de ces arguments à deux
tranchants qui blessent la main qui les emploie.
Si les Etats de Mgr le duc de Modène « ne pèsent
pas beaucoup dans la balance de l'Europe », pour
employer les paroles des publicistes officiels du

Cabinet du Palais-Royal, nous n'avons pas entendu dire non plus que les Etats du duc de Mecklembourg, où feu Mgr le duc d'Orléans est allé chercher sa femme, pussent faire pencher un des plateaux de la balance; et, s'il est incontestable qu'on ne saurait lever une grande armée dans la principauté de Lucques, on assure qu'il serait également imprudent de demander cent mille hommes à l'*empire* de la maison de Cobourg-Cohary, à laquelle Mgr le duc de Nemours n'a pas dédaigné cependant de s'unir par son mariage. Ces sortes de remarques ne peuvent servir qu'à épancher la mauvaise humeur de ceux qui les font. Nous ne sommes plus dans les temps où les alliances de familles étaient des alliances de gouvernements : Marie-Antoinette, en 93 ; Marie-Louise, en 1814; deux souvenirs qui dispensent de preuves.

Au lieu d'une assistance matérielle, que M. le comte de Chambord repousserait, et qui, en outre, n'est plus de notre temps, la princesse Marie-Thérèse apporte donc à l'exilé de Frosdorf ce prestige moral d'une race antique et illustre, qui a sa valeur dans toutes les époques, et les qualités de son esprit et de son cœur, plus précieuses encore pour le prince. Le mérite personnel de Madame la comtesse de Chambord est attesté par tous ceux qui l'ont vue. Mais personne n'eût-il pu donner de renseignements sur ce point, sa conduite parle ici d'elle-même. Ambitionner la moitié des prospérités d'un prince dans toutes les splendeurs de la puissance, et désirer monter sur un trône, sans s'occuper du chemin qu'ont suivi pour y parvenir ceux qui l'occupent, c'est l'ambition subalterne des princesses vulgaires. L'éclat matériel de la puissance les éblouit ; elles disent au succès, de quel côté qu'il vienne : « Vous êtes le bien-venu ! » et quand leurs espérances, semblables aux sorcières de Macbeth, ont endormi les scrupules dans leur sein, en leur criant : « Tu régneras ! » elles ne voient plus que le trône où elles veulent s'asseoir, sans songer que Dieu leur prépare quelquefois des déceptions cruelles et de terribles leçons. Mais convoiter la moitié d'une infortune auguste, ne savoir pas résister aux saintes séductions de l'exil, dire : « Il y a au monde un prince né sur les marches du trône le plus auguste de l'univers, et banni par une catastrophe inouïe, loin de ce trône et de la patrie de ses aïeux ; c'est celui que mon cœur a choisi ; les épreuves me seront plus douces avec ce petit-fils de saint Louis et de Henri IV exilé, que les pompes et les joies de la puissance avec tout autre prince. Heureux ou malheureux, sa destinée sera la mienne. Je serai

l'ornement de ses prospérités, si Dieu lui en ré-
serve; le bonheur de ses adversités, si Dieu lui en
destine; je serai la couronne du proscrit, la patrie
de l'exilé, la richesse du dépossédé; » c'est le propre
d'un esprit élevé, qui ne mesure point l'honneur à
la fortune, mais la fortune à l'honneur; et il y a,
dans cette action, un cachet de grandeur morale
qui ne peut tromper.

C'est à Bruck, petite ville du cercle de Styrie,
que cet important évènement s'est accompli. « Le
14 novembre, lit-on dans une lettre, datée de
cette ville, M. le comte de Chambord trouva LL.
AA. RR. les archiducs Ferdinand et Maximilien
d'Autriche d'Este, oncles de Madame la comtesse
de Chambord, et S. A. R. l'archiduc Ferdinand,
duc régnant de Modène, qui attendaient leur
nièce et leur sœur. Le lendemain, 15 novembre
au soir, Madame la comtesse de Chambord est
arrivée également. Le 16, à neuf heures du ma-
tin, les nouveaux époux s'agenouillaient aux pieds
des autels, et, sous les yeux de leurs augustes pa-
rents, heureux de cette alliance, ils étaient bénis
par la main d'un saint prêtre, aussi fidèle au Dieu
dont il est ministre qu'aux princes auxquels il a
voué son existence. A la droite de l'autel, du côté
de M. le comte de Chambord, étaient MADAME,
duchesse de Berry, et l'auguste fille de Louis XVI.

A gauche, du côté de Madame la comtesse de Chambord, LL. AA. RR. les archiducs, oncles et frère de la princesse, revêtus de leurs ordres. »

Ce fut un moment touchant que celui où le saint prêtre, qui a été l'ami et le confident de l'évêque d'Hermopolis, éleva la voix, pour adresser aux deux jeunes époux une exhortation où respire l'éloquence de l'évêque d'Hermopolis lui-même, dont on dirait que la voix a rompu le silence de la tombe, pour parler ce beau et religieux langage à son ancien élève.

« Un an s'est à peine écoulé depuis que nous avons vu la fille de nos rois contracter une alliance digne de son rang, et s'éloigner de nous pour se transporter au sein de sa nouvelle famille, où elle fait les délices des siens, l'admiration des étrangers et l'orgueil de la France ; heureuse sœur, heureuse fille, heureuse épouse et bientôt heureuse mère. Aujourd'hui un spectacle plus imposant encore s'offre à nos regards. Deux jeunes époux, tous deux en deuil, l'un... de la patrie ; l'autre.. (à Dieu ne plaise que je rouvre une blessure douloureuse et récente!) s'unissent pour se soutenir et se consoler réciproquement dans les épreuves de la vie. Tant de vœux et de prières devaient donc à la fin être exaucés. Le fils aîné de saint Louis, le chef d'une maison royale, dont la gloire a rempli toute la terre, l'unique rejeton d'une race féconde en grands rois, en martyrs, en héros, voit à ses côtés la compagne qu'appelaient ses vœux et que le ciel lui envoie. Bénie soit celle qui vient au nom du Seigneur !

« Issue des antiques maisons d'Autriche, d'Este et de Savoie, arrière-petite-fille de Marie-Thérèse, fille d'un souverain dont l'attachement inébranlable au principe sacré sur lequel se fondent la stabilité des trônes et le repos des nations, revit dans ses fils, imitateurs fidèles d'un si noble père, elle fut de bonne heure le modèle d'une Cour qui elle-même était un modèle. Une sagesse prématurée, une bonté ineffable , un caractère sûr , facile, toujours égal, une modestie sincère, jointe à l'habitude de s'oublier pour ne penser qu'aux autres, lui avaient concilié l'affection et la confiance de tout ce qui l'environnait. La miséricorde est née et a grandi avec elle. Dès ses plus jeunes ans, elle a eu des entrailles de compassion pour les pauvres. Elle ne connaissait pas de délassement plus doux que de les visiter sous leurs humbles toits et de les servir de ses propres mains sur leur lit de douleur. Quel autre pouvait être plus digne de donner à saint Louis de nouveaux enfants et de rallumer parmi nous son royal flambeau menacé de s'éteindre ? Tout ce qu'elle a de tendresse dans le cœur, d'agrément dans l'esprit, de douceur dans le caractère, de force et de persévérance dans la volonté, de délicatesse et d'élévation dans les sentiments, elle vient, Monseigneur, le mettre à votre disposition, se vouant elle-même tout entière à votre bonheur. Dès ce moment, vos peines sont ses peines, vos intérêts ses intérêts ; votre vie est la sienne.

« Près de vous, une vie grave, sérieuse, retirée, sera pour elle pleine de charmes. Et que lui importent des divertissements et des fêtes que vous ne partageriez pas avec elle? Cependant, toutes les fois que les convenances ou la nécessité l'appelleront dans les Cours, elle y paraîtra, heureuse et fière de vous aider à y porter noblement le grand nom de France, car nulle princesse n'est plus française qu'elle par son esprit et par son cœur : éloignée du trône, au moins pouvons-nous dire que nulle ne méritait mieux d'y monter. Dans quelque position que vous soyez placé, sa joie, sa couronne sera de faire le bonheur de votre vie.

« Que ne devez-vous pas attendre vous-même, Madame, de celui qui devient votre époux? Annoncé pour la première fois à la France par une bouche mourante, dont les derniers accents nous ont rappelé toute la charité du Dieu expirant sur la croix, il n'avait pas encore vu le jour, et déjà la main du Seigneur était sur lui pour le protéger. Aussi, dans l'enthousiasme universel qu'excita sa naissance, fut-il proclamé tout d'une voix le Dieudonné, l'enfant de l'Europe, l'enfant du miracle. Il croissait, orné de toutes les grâces de son âge et des plus heureux dons du ciel, sous les yeux de la France, quand, au sein d'une profonde paix et d'une prospérité sans exemple, éclata sur sa famille le nouvel orage qui arracha tout-à-coup du sol natal ce lys si pur qui en était la parure et l'espérance. C'est que les pensées du Très-Haut ne sont pas nos pensées. Ceux qu'il choisit pour en faire les instruments de ses desseins, doivent nécessairement être marqués du sceau des tribulations, et ce signe des élus ne pouvait pas manquer au jeune prince, en qui doit refleurir la race bénite du saint roi.

« Plusieurs fois même, pour nous le rendre plus cher, le Dieu qui nous l'a donné a semblé vouloir nous le ravir ; mais un cri de détresse et d'amour, parti de la terre d'exil et répété d'un bout de la France à l'autre, est monté jusqu'à lui ; et cette précieuse vie, pour laquelle tant de serviteurs fidèles sacrifieraient volontiers la leur, a été sauvée. Le descendant de tant de glorieux monarques est sorti de ces épreuves comme l'or du creuset, et ses brillantes qualités n'en ont paru qu'avec plus d'éclat. Sur son noble front, et dans la sérénité de son regard, se peint son ame tout entière, et toute sa personne respire un mélange de dignité et de grâce qui gagne tous les cœurs et commande le respect. Dépouillé de son héritage et forcé de vivre loin du beau pays de France, tout plein de la mémoire de ses ancêtres et des monuments de leurs bienfaits, il y vit continuellement par la pensée. Tout, dans les contrées hospitalières qu'il parcourt, lui rappelle la patrie absente, tout contribue à la lui faire aimer davantage et à lui inspirer un plus vif désir de se consacrer à son bonheur et à sa gloire. Victime innocente des malheurs de sa famille et de sa patrie, il soutient noblement à la face de l'Europe le poids d'une si grande infortune. Vienne, Rome, Berlin, Londres, Venise, l'ont vu successivement dans leurs murs, et partout il a su rendre sa jeunesse vénérable par une vie sans tache; partout il a laissé la réputation d'un prince instruit, éclairé, d'une sagesse au-dessus de son âge, prudent et mesuré dans toute sa conduite, vraiment digne des titres de fils aîné de l'Eglise et de prince trèschrétien; partout il a été l'ami et le protecteur des pauvres. Mais ceux de France n'ont jamais cessé d'être les premiers dans les souvenirs de sa généreuse compassion pour les membres souffrants de

Jésus-Christ. S'il ne peut plus fouler le sol chéri
qui l'a vu naître, il y est toujours présent par sa
charité. Combien de fois le denier de l'exilé, al-
lant chercher l'indigence dans la capitale et jusqu'au fond des provinces, n'a-t-il pas fait tressail-
lir de joie tout ce qui porte un cœur français, en
montrant que le fils des Rois , jaloux de suivre les
exemples de ses pères, met au rang de ses plus
importants devoirs d'être bienfaisant et aumônier
comme eux. N'en doutez pas , Madame, vous serez
aussi heureuse par lui qu'il sera lui-même heureux
par vous. »

L'émotion causée par ces touchantes paroles
durait encore , quand le ministre de Dieu a demandé ainsi le consentement des deux époux :

« SÉRÉNISSIME PRINCE, HENRI, COMTE DE CHAM-
BORD , est-ce bien de votre plein gré que vous
prenez pour épouse la SÉRÉNISSIME PRINCESSE ici
présente, MADAME MARIE-THÉRÈSE-BÉATRIX-GAE-
TANE DE MODÈNE D'ESTE ! » M. le comte de Chambord a répondu, OUI ! d'une voix émue. La réponse de Madame la comtesse de Chambord a été
faite avec la grâce la plus touchante et la modestie la plus grande. »

Tandis que cette scène se passait bien loin de
la France, M. le comte de Chambord avait trouvé
un noble et beau moyen de faire part à sa patrie

absente du bonheur que Dieu lui envoyait. Les deux lettres suivantes, adressées à M. le marquis de Pastoret, et qui font essentiellement partie de cette histoire, allaient dire à tous que le fils de M. le duc de Berry savait mettre en pratique cette belle parole de son noble et malheureux père : « Il n'y a jamais de belle fête si les pauvres n'en ont pas la première part. » Voici quelle était la teneur de la première de ces deux lettres .

Frosdorf, le 28 octobre 1846.

« Monsieur le marquis de Pastoret,

« Je désire qu'à l'occasion de mon mariage les pauvres aient part à la joie que m'inspire cette nouvelle preuve de la protection du ciel sur ma famille et sur moi, et il me paraît que ceux de Paris ont un droit particulier à mes dons et à mon intérêt ; car je n'oublie pas que c'est dans cette ville que je suis né et que j'ai passé les premières annés de ma vie. Je m'empresse, en conséquence, de vous annoncer que je mets à votre disposition une somme de vingt mille francs que je vous charge de distribuer. Dans la répartition de ces secours, vous n'aurez égard à aucune autre considération qu'à celle des besoins et de la position plus ou moins malheureuse de chacun , vous concertant à cet effet avec quelques uns de mes fidèles amis, qui seront heureux de vous prêter le concours de leur zèle pour vous aider à remplir mes intentions. Je n'ai qu'un seul regret, c'est de ne pouvoir pas donner davantage. Quand je pense surtout à la misère qui règne en ce moment, et dont l'hiver qui s'approche ne peut qu'augmenter encore les rigueurs, je voudrais avoir des trésors à répandre pour soulager tant de souffrances. Je suis sûr que mes amis sentiront comme moi la nécessité de s'imposer de nouveaux sacrifices, et de rendre leurs aumônes plus abondantes que jamais. Ils ne peuvent rien faire qui me soit plus agréable ; c'est d'ailleurs le grand moyen d'éloigner de notre commune et chère patrie les maux qui la menacent, et d'attirer sur elle les bénédictions qui peuvent assurer son bonheur.

« Je vous renouvelle, Monsieur le marquis, l'assurance de toute mon estime et de mon affection.

« HENRI. »

Une nouvelle lettre suivit presqu'aussitôt la première : elle annonçait de nouveaux bienfaits, et le cœur de Henri de Bourbon achevait de s'y montrer. La voici :

Frosdorf, 30 octobre 1846.

« Monsieur le Marquis de Pastoret,

« Vous savez que c'est surtout par des secours distribués aux classes indigentes que je désire marquer l'heureuse époque de mon mariage, et remercier la divine Providence d'avoir écarté les obstacles qui s'y étaient opposés jusqu'ici. Quoique forcé de vivre sur la terre étrangère, je ne puis jamais être indifférent ou insensible aux maux de la patrie. En pensant à la cherté des subsistances et aux justes craintes qu'elle inspire pour la saison rigoureuse où nous allons entrer, j'ai cherché comment je pourrais contribuer au soulagement de la misère publique. Il m'a paru que le meilleur emploi à faire des sommes dont je puis disposer, c'est de les consacrer à établir à Chambord, et dans les forêts qui nous appartiennent encore, des ateliers de charité qui, offrant aux habitants pauvres de ces contrées un travail assuré pendant l'hiver prochain, leur fournissent les moyens de pourvoir à leurs besoins et à ceux de leur famille. Je vous charge donc de prendre les mesures nécessaires pour l'exécution d'un projet que j'aimerais à voir s'étendre à la France entière. Pour moi, je me féliciterai, du moins, d'a-

voir pu adoucir le sort de Français malheureux ,
qui, par leur position particulière, ont encore
plus de titres à mon intérêt.

« Je vous renouvelle , Monsieur le marquis de
Pastoret, l'assurance de toute mon estime et de
mon affection.

« HENRI. »

Ainsi, le premier mouvement de Henri de France
a été semblable à celui de Louise de France. Fidèle aux exemples des rois aumôniers, ses ancêtres, il a montré que, s'il n'avait pas leur fortune,
il avait leur cœur. Ses joies ont été libérales, et
c'est dans le sein des pauvres et des souffreteux
qu'il les a versées. Comme ce roi de la belle para-
bole de l'Évangile, le digne fils de saint Louis a
invité à ses noces royales les pauvres, les infirmes
et les affligés. Non-seulement il a fait le bien,
mais il l'a fait faire ; il a été l'instigateur et le
promoteur d'une utile et sainte croisade de la
charité qui se forme sous ses auspices, pour ouvrir partout des ateliers de travail, à l'instar de
ceux qui sont établis à Chambord, et pour venir
ainsi au secours des classes laborieuses pendant les
rigueurs de l'hiver.

En présence de cette belle et sainte destination
donnée au château de Chambord, sans doute Paul-

Louis Courrier, lui-même, effacerait le pamphlet
cruel que l'esprit de parti lui dicta contre cette
royale demeure et contre le don que les commu-
nes de France voulurent en faire à Henri de France
naissant. Paul-Louis Courrier craignait pour le
jeune prince la contagion des souvenirs de dés-
ordre et de galanterie que ces lieux font naître ;
M. le comte de Chambord appelle dans ces vastes
salles un hôte qui purifie tout de son souffle cé-
leste, la charité. C'était au nom des pauvres gens
du peuple que Courrier demandait la destruction
de Chambord ; M. le comte de Chambord y ouvre un asyle aux classes laborieuses. Il faut reconnaître que la réponse du prince vaut mieux
que les meilleures épigrammes du pamphlétaire.
Si on avait écouté ses conseils, où en seraient les
pauvres ouvriers aujourd'hui ? recevraient-ils à
Chambord, dépecé par la bande noire, l'hospita-
lité que l'exilé va leur donner cet hiver ? Au lieu
d'un hôte bienveillant et d'un travail assuré dans
le magnifique château de François Ier, consacré,
par la gloire du vainqueur de Fontenoi et de Rau-
coux, ils trouveraient un parc dépecé, morcelé
en mille parcelles, et des malheureux journaliers
aussi pauvres qu'eux-mêmes, cultivant quelques
légumes sur des ruines, et ouvrant la main pour
recevoir au lieu de l'ouvrir pour donner. Tant il

est vrai que la morale en action l'emporte sur la morale en pamphlet, que la charité royale qui nourrit les pauvres de pain, vaut mieux que la charité libérale qui les abreuve de venin et de fiel, et que les châteaux sont quelquefois utiles aux chaumières.

A ces dons de 20,000 fr. et de 40,000 fr. qui s'étaient suivis de si près, il faut encore ajouter 10,000 fr. que madame la comtesse de Chambord a envoyés aux inondés de la Loire, en se relevant du pied des autels; de sorte que les offrandes des exilés se sont montées à 70,000 fr. en une seule semaine. D'autres envois ont encore été faits depuis, à l'*Association de la propagation de la foi,* et à plusieurs sociétés de charité.

Cette belle et noble manière de notifier ce mariage à la France, n'a pu qu'augmenter l'impression profonde qu'il a produite et qu'il devait produire, par des motifs qu'il nous reste à indiquer.

Un seul mot exprimera la pensée de tous sur le mariage de M. le comte de Chambord : la race de Louis XIV ne finira pas. A cette vie que la Providence fit sortir de la nuit funèbre du 13 février, comme une de ces fleurs merveilleusement belles qui s'épanouissent quelquefois sur un sépulcre, d'autres vies s'ajouteront; et cette chaîne d'or qui traverse notre histoire, s'enrichissant de

nouveaux anneaux, se prolongera dans la postérité.

Avant ce mariage, il n'y avait qu'un homme,
précédé, il est vrai, du long et magnifique cortège de rois ses aïeux, et que l'élévation de ses
sentiments, la haute sagesse de sa conduite, et
son amour profond pour la patrie absente, re-
commandaient à l'estime et aux sympathies de
tous, mais qui marchait le dernier de sa race, et
dont les prudents du siècle disaient en hochant la
tête : « Il est seul ! » Après ce mariage, il y aura
une famille. C'est-à-dire qu'au présent dans toute
sa vigueur, au passé dans toute sa gloire, vient
s'ajouter l'avenir, l'avenir sans lequel le passé
n'est qu'un flambeau éteint, et le présent, quelque brillant qu'il soit, qu'un météore qui brille
un moment, et disparaît sans laisser de trace. La
grande race qui a représenté pendant des siècles
le principe monarchique ; qui, depuis Hugues-
Capet jusqu'à la révolution de 1830, fut la per-
sonnification vivante de la loi salique dans ce pays;
cette grande race qui atteignit, dans la personne
de Louis XIV, le faîte de la grandeur humaine,
n'est pas arrivée à son terme fatal; elle doit vivre,
elle vivra.

Il est inutile d'insister sur cette considération, qui
saisit tous les esprits. Sous ce rapport, le mariage
de M. le comte de Chambord est un évènement.

Français, nous en témoignons hautement notre joie. Profondément dévoués à notre pays, nous ne saurions oublier ce que la race illustre de Louis XIV a fait pour la France. Tant de victoires gagnées sur terre et sur mer, tant de provinces acquises, les Pyrénées abaissées, nos frontières assurées sur le Rhin, le nom français glorifié dans le monde entier, les lettres, les arts, le commerce, l'industrie prenant leur essor avec un admirable ensemble, les plus beaux monuments de notre législation fondés, toutes les grandeurs nationales se développant pour se mettre au niveau des grandeurs du monarque : tels sont les souvenirs qui se rattachent au nom de Louis XIV. Nous croirions manquer de patriotisme, si nous n'avions pas éprouvé une vive satisfaction en apprenant la nouvelle d'un mariage qui va perpétuer le sang de ce grand roi, qui, par la guerre et la politique, plaça la France sur des assises immuables, que les passions, les discordes civiles, les révolutions, les fautes, et deux invasions européennes n'ont pu ébranler.

Politiques, nous sommes frappés comme tout le monde de ce qu'il y a de grave dans un mariage qui donne un avenir à cette glorieuse race de Louis XIV, qui a un passé si brillant. C'est un élément nouveau introduit dans la situation générale. Pour le nier, il faudrait nier en même temps les efforts qu'ont fait les ministres du Cabinet du Palais-Royal, toutes les fois qu'ils ont pu croire que l'on avait des projets d'alliance pour Henri de France, afin de faire échouer ces projets. Qui ne comprend que la robe de cardinal qui servit de linceul au dernier des Stuarts, paraissait, à certaines personnes, faite à la taille du dernier descendant de Louis XIV? Ceux qui se refusaient à le croire, ont pu en trouver la preuve dans la colère mal déguisée des publicistes officiels au sujet du mariage, et dans l'affectation avec laquelle ils ont ramené ce nom fatal des Stuarts dans leurs polémiques. Efforts inutiles! Nous avons beau chercher, nous ne voyons, de notre temps, ni princes qui finissent comme les Stuarts, ni princes qui commencent comme Guillaume d'Orange.

Chrétiens, dans cette suite non interrompue d'évènements qui ont trompé toutes les attentes et déçu tous les calculs, nous ne saurions reconnaître la trace du hasard, ce vain mot dont les hommes couvrent leur ignorance, comme parle Bossuet. Nous voyons le doigt de Dieu, nous saluons l'intervention continuelle de la Providence, qui fait arriver chaque chose en son temps, en ménageant aux spectateurs ces surprises merveilleuses dont l'Écriture Sainte est remplie, et en déroulant cette vie comme un spectacle plein d'intérêt devant les nations. N'admirez-vous pas avec nous la suite de ces évènements? On fait tout pour anéantir la race de Louis XIV, en cherchant à trancher, avec la vie de M. le duc de Berri, ses espérances d'avenir; le duc de Berri mourant annonce à la France que le meurtrier, en atteignant le prince, a manqué la race, puisque la duchesse de Berri porte un enfant dans son sein. On fait tout pour éteindre la vie de cet enfant dans le sein de sa mère, il vient au monde. Quand il est né, on déclare qu'il ne vivra pas, il vit. On annonce qu'une éducation rétrograde le rendra étranger à son temps et à son pays; cinq cents Français à Rome, deux mille à Londres, Châteaubriand en tête, reconnaissent que jamais cœur plus français ne battit dans la poitrine d'un Bourbon, et que ce Bourbon a été doué d'une intelligence qui peut ouvrir les perspectives d'un nouvel univers. Une chute terrible le met à deux doigts de la mort, et les augures du juste-milieu déclarent qu'il ne survivra pas aux suites de cette chute; Dieu, qui l'a conservé, le guérit. On annonce que, du moins, il ne se mariera pas, et que ce demeurant de la race de Louis XIV sera le dernier de cette race illustre, destinée à disparaître sous nos yeux comme celle des Condé; Henri de France est marié.

Dévoués, du fond du cœur, à une race aussi

grande par ses épreuves , depuis un demi-siècle, qu'elle avait été grande, par ses prospérités, dans les siècles précédents, nous nous réjouissons du rayon de bonheur qui luit sur la famille de Louis XVI. Nous éprouvons un attendrissement que nous ne cherchons pas à cacher, en songeant aux joies de Marie-Thérèse, heureuse d'unir le jeune prince, qu'elle aime d'un amour maternel, à une princesse digne de lui ; à celles de MADAME, duchesse de Berri, qui voit le mariage de ce fils, pour qui elle brava tant de dangers, suivre de si près celui de MADEMOISELLE , et nous nous associons de cœur à ces joies de famille qui veinnent éclairer les sombres pensées de l'exil.

Nous ne sommes pas de ceux qui excluent les sentiments de la politique, et nous avons reçu comme un précieux héritage de nos pères l'étincelle de cet amour si vif que la France avait pour les Bourbons, et que les Bourbons ont toujours rendu avec usure à la France. Nous comprenons les sentiments si tendres des amis de Henri de Béarn pour sa personne, et nous nous sommes plus d'une fois surpris à envier le bonheur du loyal Ecossais qui, sur le chêne de Boscobel, tint Charles Stuart entre ses bras, et, sentinelle vigilante, reçut la tête proscrite du prince sur son cœur dévoué, en veillant sur lui comme une tendre mère veille sur son nouveau-né. Nous avons aimé Henri de France

avant sa naissance ; il a été, on peut le dire, l'enfant de nos soupirs et de nos larmes, et nos entrail-
se sont émues quand, du balcon des Tuileries, le
vieux roi dit à la foule immense rassemblée sous
ses croisées : « Mes enfants, un enfant vous est
né. » Petit enfant, nous l'avons suivi du regard
et couvé des yeux, tant que la fortune de la France
l'a laissé parmi nous. Lorsque, entraîné dans le
naufrage des trois jours, il partit pour les terres de
l'exil, il emporta avec lui nos cœurs ; nos instantes
prières ont demandé à Dieu qu'il fût digne de
ses aïeux, et nous n'avons cessé de lui adresser
ces prières que pour le remercier de les avoir
exaucées. Nous avons suivi avec joie sa jeunesse
cultivée par un saint et grand évêque, et rempla-
çant par ses fruits les fleurs de l'enfance. Nous
avons tremblé pour ses jours, lors d'un accident
terrible. Nous avons remercié, du fond de l'ame,
le Dieu de saint Louis, quand, à Rome et à Londres, il nous est apparu comme le digne fils des
Bons, des Hardis et des Forts. Qu'il reçoive donc
nos félicitations, nos vœux, et l'expression de nos
vives et respectueuses symphathies. Qu'il nous
soit permis de terminer cette histoire en le félici-
tant de son mariage et de la manière dont il l'a
annoncé à la France, par l'intermédiaire des
affligés consolés et des pauvres secourus. Belle et
sainte pensée, digne du descendant des rois au-

môniers, et qui prouve qu'on peut porter un cœur royal avec un front découronné. Hélas ! ce n'est pas sous les vieilles voûtes de Notre-Dame de Paris que son mariage a été célébré, pas plus que celui de sa sœur ; les révolutions, ces déluges de main d'hommes, qui transportent au loin les plus hautes destinées, comme ces blocs erratiques que le dernier cataclysme du monde a transférés à des distances prodigieuses, ne l'ont point permis. C'est devant un autel dressé à la hâte, sur la terre étrangère, que ce fils de France contracte une union qui, à une autre époque, eût excité des réjouissances universelles dans notre pays. Mais Dieu est partout, et la prière monte de partout vers lui. Qu'il soit donc heureux, qu'il soit béni, avec la princesse que son cœur a choisi, et dont le cœur est au niveau du sien; c'est notre vœu le plus cher. Que la race de Louis XIV revive dans sa jeune et brillante postérité ! Puisse-t-il voir, comme le souhaite l'Église dans ses prières d'une gravité inexprimable, les enfants de ses enfants, jusqu'à la troisième génération ; puissent tous les bonheurs que nous lui souhaitons lui être accordés, comme tous ceux qu'il souhaite à la France, être donnés à notre pays par le Dieu de Charlemagne, de saint Louis et du roi martyr !

Imprimerie de A. Henry, 8, rue Gît-le-Cœur.